保育者の祈り

こどものために、こどもとともに

望月麻生　監修・著

小林路津子・新井 純　著

日本キリスト教団出版局

装幀・本文デザイン　堀木佑子
装画・本文カット　望月麻生

はじめに

この本を開いてくださってありがとうございます。

昔から、お祈りは人が生きていくのに欠かせないことでした。

保育者となって初めてキリスト教に触れた方も、「明日、晴れますように」「大事な人が元気になりますように」などと、心に念じたことはあるでしょう。

お祈りは神さまに自分の声を届けることです。きれいな言葉でなくていいのです。神さまの前では「お利口ないい子」にならなくてもかまいません。いまさら「いい子」を演じなくても、あなたはそのままで神さまに愛されているのですから。心の叫びも、すべてをあきらめたくなる絶望感も、神さまに届く言葉です。そして、イエスさまは祈るあなたとともに必ずいてくださいます。

また、お祈りは、神さまにお話をしながら、自分の視点を変えて神さまと一緒に物事を見つめ直すことでもあります。これはとても大切なことです。

保育者である皆さんが本書のお祈りの言葉を読んだとき、「えっ、こんなことも祈っていいの？」「こんなふうに祈ってもいいの？」と思うかもしれません。この本の目的は、そこにあります。本書を通して、「どんなこともお祈りしていいのだ」「この気持ち、神さまにお祈りして打ち明けてみよう」、そう思っていただけたら幸いです。そのまま音読して礼拝などの中で使えるものもあります。ご自身の現場や状況に合わせて言葉をアレンジしていただくことも大歓迎です。中には、声に出して祈るというよりは、ひとりで祈るときにふさわしいものもあります。眠れない夜に、ご自宅で静かにこの本を開いてもよいでしょう。

保育の現場で日々を過ごすことは、並大抵のことではありません。こどもと真剣に向き合い、山のような仕事をこなすのです。保護者や他の職員との関係づくりもたやすくはありません。仕事への大きな喜びがある一方で、納得のいかないことや悲しくなることも少なくありません。この本が、そうした皆さんの日々に少しでも寄り添うことのできるよう、願っております。

この本は認定こども園・保育園・幼稚園で園長を務める3人が書きました。著者それぞれも皆さんと同じように、現場の中にいます。そして、神さまに弱音を吐いたり、やりきれない思いをぶつけたり、神さまに助けていただいていたことに気づいて感謝したりしながら、今日もこどもたちの元気な声に囲まれています。

望月麻生

もくじ

わたしが祈る

キリスト教の祈りについて

各ページのお祈りの見出しの下に記されている3種類のアルファベットは、そのお祈り文を書いた執筆者をあらわします。

A　望月麻生（名前の「あさを」のA）

R　小林路津子（名前の「るつこ」のR）

J　新井純（名前の「じゅん」のJ）

＊本書の聖書の引用は『聖書　新共同訳』（日本聖書協会）に準拠します。

こどもと祈る

行事の祈り

行事のほとんどは準備でできている、といっても過言ではありません。

何カ月も前からプログラムをこまやかに考え、こどもたちにとっていちばんよいときであるよう祈りながら、手を動かし心を配ります。こどもたちにとっても大きなチャレンジのときです。

何があっても大丈夫、イエスさまがついています。そして、保育者にもこどもにも、神さまが必要な力を惜しみなく与えてくださいますから。

ページェントの役割を決めます

神さま、
外もどんどん寒くなってきました。
いよいよクリスマスの準備を始めます。
今日はこれから、ページェントの役割を決めます。
天使や羊飼い、宿屋さんやお星さま、マリアやヨセフも。
いろんな役があります。
どの役も、ページェントでは大切な役です。
だって、みんなイエスさまのお誕生をお祝いしているのですから。
神さま、ひとりひとりに合った役をください。
なりたい役ばかりでなく、
そうではない役になっても、
一生懸命、歌やセリフの練習をして、
みんなが心を込めて、イエスさまのお誕生をお祝いできますよう、
神さまがみんなのことを見守ってください。
アーメン。

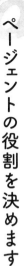

本番に向けて練習中

神さま、
もうすぐ○○があるので、
みんなで毎日練習をしています。
本番はおうちの人たちやたくさんの人が
見てくれるので、ドキドキします。
でも、とっても楽しみです。
みんなで一緒に練習をしているときは
とても楽しいです。
今日の練習も、イエスさまが一緒にいて
みんなが頑張れるように
守ってくださいますように。
みんな上手《じょうず》になれるように頑張る力を
神さまがください。
アーメン。

R

神さま、
もうすぐ○○があるので、
みんなで毎日練習をしています。
先生やお友達は
「今日も頑張りましょう」
と言うけれど、練習はきらいです。
本番のときはおうちの人やたくさんの
人が見に来るので、ドキドキします。
たくさんの人に見られるのはきらいです。
練習なんてしないで、
もっと遊びたいです。
神さまはいやなことはありますか？

進級します

神さま、
今日からわたしたちは、クラスがひとつ上になりました。
新しい先生やお友達と出会って、
胸がドキドキしているお友達もいます。
お部屋が変わったので、不安なお友達もいます。
もちろん、はりきっているお友達もいます。
みんなの不安やこわい気持ち、そして楽しみな気持ちを、
神さまはぜんぶ知っていてくださいます。
何より、神さまはわたしたちに、
すばらしいこの１年を用意してくださっています。
だから、たくさんのことにチャレンジできますように。
小さいクラスのお友達にやさしくできますように。
あなたがずっと、わたしたちを守っていてください。
アーメン。

a

新しい友達を迎えます

神さま、
今度、新しいお友達をこのクラスに迎えることになりました。
そのお友達の名前は〇〇さんといいます。
お庭やお外で遊ぶのが大好きで、
みんなに出会えるのをとても楽しみにしています。
新しいお友達が増えるので、わたしたちはうれしい気持ちでいっぱいです。
でも、〇〇さんは、今まで仲良しだった園のお友達と別れるのがさびしいです。
そして、新しく入るこの園で、みんなとお友達になれるか、
心配していると思うのです。
ですから、みんなで〇〇さんを笑顔でお迎えしたいと思います。
みんながお友達になって、安心させてあげたいと思います。
神さま、〇〇さんを迎えて、
このクラスをもっと楽しく元気なクラスにしてください。
アーメン。

J

卒園します

神さま、
みんなと一緒に過ごした園を卒園します。
園ではたくさんの楽しいことがありました。○○したことが楽しかったです。
けんかをして悲しいときもありました。先生に怒られていやなときもありました。
思い出がたくさんあります。
そしていつも、お友達が一緒にいました。
神さま、わたしたちに大切な仲間をくださって本当にありがとうございます。
4月からはみんな小学校へ行きます。
楽しみだけれど、今まで一緒に過ごしてきたお友達がいないのは心配です。
ドキドキします。でもわたしたちはひとりぼっちではありません。
それぞれの場所にイエスさまが一緒にいてくださると思うと頑張れそうです。
そして、違う学校へ行っても、わたしたちの心はつながっています。
みんながそれぞれの小学校で勇気を出すことができますように。
元気でいますように。そして、また会えますように。
アーメン。

R

園にお泊まりします

a

神さま、
お友達や先生と一緒に、一晩お泊まりします。
いつものおうちで過ごす夜とは、
違うことがきっとたくさんあるでしょう。
みんなと食べるごはんは、どんな味がするのかな。
みんなとお布団を並べて眠ると、どんな夢を見るのかな。
神さまが、最高の一晩にしてくださると信じています。
おうちを思い出して、さびしくて涙が出るとき、
あなたが一緒にいてください。
アーメン。

お誕生日を迎えます

J

神さま、
今日、〇〇さんがお誕生日を迎えました。
4歳になりました。
神さまのお守りの中で、こんなに大きくなりました。
ありがとうございます。
神さまは、生まれる前からわたしたちのことをご存じです。
神さまがわたしたちに命をくださったからです。
そして、神さまはわたしたちをいつも大切にし、お守りくださいます。
神さま、
〇〇さんがこれからも元気に楽しく過ごせますように。
いつでも神さまに愛されて、守られていることを忘れないで、
すくすくと成長しますように、お導きください。
アーメン。

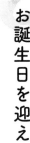

みんなの前だとドキドキします

神さま、
もうすぐわたしのお誕生日。
うれしいんだけど、お誕生会はとっても苦手です。
だって、みんなの前に出てお話ししたり、みんなから質問があったり。
なぜだろう、ドキドキして、うまくお話ができません。
ほかのお友達はどうしてあんなにお話が上手《じょうず》なんだろう？
本当は大声で言いたいんです。
「好きなたべものは？」と聞かれたら「ぶどう！」
「大きくなったら何になりたい？」と聞かれたら「ケーキ屋さん！」
もう、何度も心の中で練習しています。
神さまもご存じでしょう？
今度、言えるかな。言いたいな。
神さま、そばにいて応援してくださいね。
アーメン。

R

コラム

園長のひとりごと

小林 路津子

ロシアによるウクライナ侵攻の報道がされたときのことです。１人の年長の子が職員室にいるわたしのところへ来て小さな声で言いました。「ねぇ、せんせい、せんそうがはじまっちゃったね」。

テレビのニュースか何かで知ったのでしょう。園のこどもたちはいつも情報通です。わたしは、「うん。知ってる。悲しいね」と言いました。

それからわたしたち２人の間に何ともいえない切ない空気が流れ、ほんのしばらく言葉もなく過ぎました。何か言葉をかけてあげなければと必死でその言葉を探しているわたしに、彼が静かに言ったのは「お祈りしようか」でした。

わたしは、同じように静かに「そうだね。お祈りしよう」と言いました。そして２人で祈ったのです。

それは「神さま、戦争が止《や》みますように」と、ほんのひとことのお祈りでした。そのほんのひとことの言葉こそが、１人の年長児の願いであったと思います。

この子のために祈る

一日のうち、多くの時間を園で過ごすこどもたち。
園は学びの場であり、生活の場でもあります。
園での日常の中でこどもが感じること、経験すること。
それらを通して保育者が見つめ、考えたこと。
神さまはすべてをこどもたちの未来に、
いちばんよい形でつなげてくださいます。

園 よりおうちにいたかったのに

わたしたちをいつも見守ってくださる神さま、
○○ちゃんが、おうちの人と離れたくなくて、泣いています。
本当は、大好きなおうちで、
大好きな家族の人といたかったことでしょう。
○○ちゃんの心の中はきっと、
さびしさや悲しい気持ちでいっぱいだと思います。
みんなは○○ちゃんのことを応援しています。
神さまも○○ちゃんを助けてください。
悲しいとき、泣きたいとき、
イエスさまが守ってくれることをわたしたちは知っています。
そして今日一日、
園で何かひとつでも○○ちゃんが、
うれしいことや大好きなことに出会えますように。
アーメン。

a

園のトイレがいやです

神さま、
今日もみんなが元気に登園できてうれしいです。
みんなと遊べる保育園（幼稚園、こども園）が大好きです。
でも神さま、ひとつお願いがあります。
おトイレに行くのが、ちょっと苦手なお友達がいるのです。
みんなが遊んでいるところから離れたり、
ひとりぼっちになってしまうのが、こわいのです。
冬は冷たいし、お尻を拭くのも心細いです。
だから、「おトイレこわくないよ」って、思ってほしいのです。
おトイレにはみんなが行くし、おトイレはお掃除してきれいだし、
神さまだって使うかも。
それに、イエスさまはいつもわたしたちのそばにいてくださいます。
だから、神さま、「おトイレ大丈夫だよ」って、みんなが思えるようにしてください。
アーメン。

得意なことができました

神さま、
お絵描きが得意なお友達がいます。はやく走れるお友達もいます。
みんなも先生も「すごーい！」とお友達をほめます。
わたしも、あんなふうにかっこよくなれたらいいのにな。
でも神さま、あなたはわたしにもくださいました。得意なこと。
それは大なわ跳《と》びです。先生に教わって跳んだら、すごく楽しかったの。
はじめはうまく跳べなかったけれど、毎日練習したんです。
そうしたら、神さま聞いてください！
今日は××回も跳べたんです。
わたし、みんなから「すごーい！」「大なわ跳びが得意なんだね」って言われたの。
こんなの、はじめて。うれしいです。
わたしにも得意なことができたことが、いちばんすごい！
ありがとう、神さま。
このうれしい気持ちをあなたに聞いてほしくて。
アーメン。

R

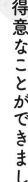

でっかい泥だんごができました

神さま、
今日は神さまに聞いてほしいことがあります。
みんなが大きな泥だんごを作ったのです。
毎日大事に大事に白砂《しろすな》でみがいて、
ピッカピカになりました。
途中で割れちゃったお友達もいましたが、
頑張って最初から作り直しました。
そうしてできた泥だんごは、
本当にピカピカに輝いています。
神さまにも見てほしいです。
きっと神さまも見てくださってますよね。
まだまだこれから泥だんごを作るお友達もいます。
もっともっと大きくて、
もっともっとピカピカの泥だんごを作れますように。
アーメン。

J

ひらがなを練習しています

あのね、神さま、
わたし、大好きな人にお手紙を書きたくなりました。
だから、ひらがなを練習しています。
わたしが文字をおぼえたら、
すてきなお手紙を
たくさん書くことができますように。
わたしが、「だいすき」や「ありがとう」を
多くの人に、たくさん書いて届けることができますように。
アーメン。

a

おかたづけをしたくありません

𝓡

神さま、
おかたづけをしたくありません
もっと遊びたいし、おかたづけはめんどくさいです。
どうして、おかたづけをしなくてはいけないのですか。
もう少しで、この大きなブロックのお城ができあがるところだったのに。
最後までやりたかったなあ。
やりたくないことをやるときの力、
どうすれば出るのかな……。
神さま、やりたくないことも頑張れる力をください。
おかたづけも、イエスさまが一緒にやってくれているって思ったら、
きっと少しだけ楽しい。
アーメン。

ピーマンにチャレンジ

神さま、
あなたがつくってくださったものだから、
ピーマンもきっとすてきなものに違いありません。
ただ、そのよさが、今のわたしにはわかりません。
ピーマン、きらいなんです。
でも、せっかくなので、ひと口いただきます。
わたしのために摘み取られて、お料理されたピーマンだから。
チンジャオロースに肉詰め、炒め物。
ピーマンを使ったおいしい料理、たくさんあるんだって。
イエスさまがピーマンを食べたら、
「おいしい」っておっしゃるのかな?
少しずつでも好きになっていけたらいいなあ。
あなたのつくってくださった、いろんなものを。
アーメン。

a

歯が抜けました

J

神さま、
昨日、○○さんの歯が抜けました。
ちょっと前には、△△さんの歯が抜けました。
抜けたときはちょっと痛かったけど、きれいに取れました。
歯が抜けたあとの歯茎《はぐき》は、少しやわらかくて、不思議な感じがします。
しかも、歯の抜けた顔はあんまりカッコよくないかもしれません。
でも、大丈夫。
こどもの歯が抜けたあとは、大人のための大きめの歯が生《は》えてきます。
これから順番に他のお友達の歯も抜けて、生え変わります。
大人の歯は大事です。
だって、一度しか生えてきません。
だから、大人の歯が生えたら、虫歯にならないように歯みがきも頑張ります。
みんなの歯がきれいに生えそろうまで、
神さま、お守りください。
アーメン。

背が伸びました

神さま、
幼稚園（保育園、こども園）で身体測定をしました。
いつも「大きくなっているかなー」って、先生が言って背をはかります。
背をはかる順番がきたときはいつもドキドキします。
「ちっちゃくなっていたら、いやだなー」って思います。
でも今日も大きくなっていました。
「やったあ！」
大きくなるってうれしいです。
ぐんぐん大きくなって、はやく大人の人みたいになりたいです。
たくさん食べて、きらいなものもときどきは頑張って食べて、
お日さまの光を浴びたら、ぐんぐん背が伸びるかもしれません。
神さま、いつも守ってくださってありがとうございます。
わたしは今日、背が伸びました。
アーメン。

R

夕方遅くまでおうちの人を待っています

大好きな神さま、
わたしのおうちの人は、
毎日遅くまでお仕事をしています。
お仕事が終わってから、大急ぎでわたしを迎えにきてくれます。
夕方になると、さびしいです。
昼間はあんなににぎやかだった園が、今はこんなに静かです。
お友達も先に帰ってしまいます。
でも、おうちの人は必ず来てくれます。
だから、こうして待っています。
わたしが悲しい思いをしないように、先生もそばにいてくれます。
イエスさまも一緒にいてください。
アーメン。

きょうだいが生まれます

神さま、
お母さんのお腹《なか》の中に、赤ちゃんがやってきました。
春になったら生まれてくる予定です。
とっても楽しみです。
楽しみではあるけど、心配なこともあります。
お母さんがときどき大変そうです。
お母さん、大丈夫かな。赤ちゃん、無事に生まれてくるかな。
わたしと仲良くなれるかな。
赤ちゃんが生まれたら、ちいさいきょうだいができることになるけど、
わたしももっとお母さんと一緒にいたいな。
そんな、いろいろなことを考えるけど、神さまがいるからへっちゃら。
神さまはいつもわたしたちと一緒。
お母さんも赤ちゃんも、みんな一緒。
だから、赤ちゃんが元気に生まれてくるように、みんなでお祈りします。
アーメン。

先生に言いたいことが言えません

Ｒ

神さま、
わたし、本当は先生のことが大好きなんです。
あなたにお話しするみたいに、先生とお話をしたいけれど、なんだかできません。
どうしてだろう。
「こんなこと言ったら、先生は何て言うかな？」
心配になって、ドキドキします。
でも、やっぱり本当のことをお話ししたいんです。
先生はわたしがピンクを好きだと思っているみたい。ピンクの服をほめてくれます。
小学生になったらピンクのランドセルかな、と楽しそうに話してくれます。
でもね、本当は青がいちばん好き。いちばん好きな服は青いズボン。
ランドセルは黒で青いラインが入っているのにしたいんだ。
明日、そのことを先生に言ってみようかな。
神さまとお話ししたら、明日は言えるかもしれないって思いました。
神さま、ぜったいに見ていてください。
アーメン。

友達がうらやましいとき

神さま、
正直、お友達がうらやましくなるときがあります。
はやく走れるお友達、誰とでも仲良くできるお友達、かわいい髪型をしているお友達。
なんでわたしは、あの子みたいになれないんだろう？
なんでわたしは、あの子みたいないいものを持っていないんだろう？
わたしの気持ち、神さまもわかってくれますか？
でも神さま、わたしは知っています。
あの子があんなにステキなのと同じように、
わたしが世界でたったひとりのステキな子であること。
わたしもまだ知らないすばらしい宝物を、
神さまはわたしにたくさんくださっていること。
神さまがあの子にくださった宝物を、見つけられるわたしだもの。
あなたがわたしにくださった宝物も、きっと探してみせますよ。
わたしのこと、応援してね。
アーメン。

友達とうまくいかないとき

神さま、
先生は、今ちょっと困っています。
クラスのお友達が、すぐ言い合いになったり、ケンカになったりします。
お友達をキッとこわい目でにらんだり、キツい言葉も出てきます。
先生はそれを見たり聞いたりすると、とても悲しいです。
なぜって、にらまれたお友達はこわい思いをするし、
キツい言葉を投げかけられたお友達は、心が傷つくからです。
もし、それが先生だったら、いやだなって思うのです。
イエスさまは、おとなりのお友達を大事にしましょうって教えていますよね。
本当は、みんなもお友達のことを大事にしようと思っているはずです。
だから、神さま、わたしたちにもっとやさしい心をください。
みんなの大事にされたい気持ちを、
みんなで分け合うことができるようにしてください。
アーメン。

いじわるしちゃったとき

神さま、
お友達にいじわるなことをしてしまいました。
いじわるをしたいのではないのです。
でもいじわるをしてしまいました。
だって、わたしもやりたかったから。〇〇ちゃんばかりやっていてずるかったから。
だんだんいやな気持ちになりました。
でも、〇〇ちゃんは泣いていました。わたしがいじわるなことをしたからです。
もし、わたしが〇〇ちゃんにいじわるなことをされたら、
きっといやな気持ちになって、たくさん泣いたと思います。
わたしがいじわるなことをしたから、〇〇ちゃんがかわいそうでした。
仲直りができるといいなって思います。
「ごめんね」が言えるかな。
神さま、わたしがちゃんと「ごめんね」が言えるように見ていてください。
〇〇ちゃんに「ごめんね」をして、また一緒に遊びたいです。
アーメン。

R

うそをついてしまったとき

神さま、
わたし、知りました。
うそをついたとき
こんなにいやな気持ちになる、ということ。
うそをかくすために、
またうそを考えなくてはならないこと。
うそをついたことは、
なぜかばれている、ということ。
神さま、どうか、
うそをついたときの、このいやな気持ちを、
忘れることがありませんように。
もう、うそをつかないように、助けてください。
アーメン。

郵 便 は が き

料金受取人払郵便

新宿北局承認

9161

差出有効期間
2025年9月30日まで
(切手不要)

169-8790

162

東京都新宿区西早稲田2丁目
3の18の41

日本キリスト教団出版局

愛読者係行

注 文 書

裏面に住所・氏名・電話番号をご記入の上、
日本キリスト教団出版局の書籍のご注文にお使いください。
お近くのキリスト教専門書店からお送りいたします。

ご注文の書名	ご注文冊数
	冊
	冊
	冊
	冊
	冊

ご購読ありがとうございました。今後ますますご要望にお応えする書籍を出版したいと存じますので、アンケートにご協力くださいますようお願いいたします。抽選により、クリスマスに本のプレゼントをいたします。

ご購入の本の題名

ご購入の動機	1 書店で見て　2 人にすすめられて　3 図書目録を見て	4 書評（　　　）を見て　5 広告（　　　）を見て

本書についてのご意見、ご感想、その他をお聞かせください。

ご住所　〒

お電話　（　　　）

フリガナ　（年齢）

お名前

（ご職業、所属団体、学校、教会など）

電子メールでの新刊案内を希望する方は、メールアドレスをご記入ください。

図書目録のご希望	定期刊行物の見本ご希望
有 ・ 無	信徒の友・こころの友・他（　　　）

このカードの情報は当社およびNCC加盟プロテスタント系出版社のご案内以外には使用いたしません。なお、ご案内がご不要のお客様は下記に◯印をお願いいたします。

・日本キリスト教団出版局からの案内不要

・他のプロテスタント系出版社の案内不要

お買い上げ書店名

市・区・町　書店

いただいたご感想は、お名前・ご住所を除いて一部紹介させていただく場合がございます。

「ごめんなさい」が言えたとき

神さま、
神さまはわたしたちのことを、何でもご存じなのですよね。
わたしたちの思っていること、心の中のこと、何でもご存じなんですよね。
わたしたちがお友達にいじわるをしちゃったとき、
先生に「いけない」って言われたことをしちゃったとき、
パパやママに叱られたとき、
大人は、「ごめんなさい」って言いなさいと言うけど、
「ごめんなさい」を言いたくないこともあります。
だって、わたしにはわたしの理由があるから。
でも、いけないことをしたり、いじわるをしちゃったことは悪いこと。
イエスさまは、ケンカやいじわるはおきらいです。
だから、やっぱり「ごめんなさい」はしたいです。
神さま、「ごめんなさい」をするわたしのことを見ていてください。
アーメン。

人にやさしくできたとき

神さま、
さっきわたし、小さいクラスのお友達に靴を履《は》かせてあげたんです。
あの子は、遊んでいるときに靴が脱げてしまって困っていました。
先生も他の子も気づいていないみたいでした。
お話をしたことも、遊んだこともない子だったけれど、
勇気を出してお手伝いをしました。
はじめて小さい子にやさしくして、ちょっとドキドキしました。
靴を履かせてあげたら、
その子はまた、先生の方に歩いていきました。
上手《じょうず》にちゃんと歩いていたので、うれしくなりました。
お友達も、先生も誰も見ていなかったけれど、
わたしも小さい子にやさしくすることができました。
神さまは見ていてくださいましたよね。
神さま、わたしは今、なんだかうれしい気分です。
アーメン。

R

自分だけの発達の仕方で育つ子のために

わたしたちを創《つく》ってくださった神さま、
○○ちゃんの心が感じる世界が、
とびきりすてきなものでありますように。
○○ちゃんが大好きなこと、得意なことを、
一緒にたくさん見つけられますように。
たくさんの人の中で生きるのが苦手ならば、
過ごしやすい場がこの園で見つかりますように。
○○ちゃんが毎日喜んで過ごすことのできるように、
わたしたちがお手伝いできますように。
こどもを抱き上げて祝福されたイエスさま。
そのあたたかな手が、
ここにいるすべてのこどもにも置かれていることを信じます。
アーメン。

a

この子らしく生きていけるように

神さま、
神さまは、わたしたちひとりひとりに命をくださいました。
その命と一緒に、いろいろな宝物をくださっています。
笑ったり、泣いたり、歌ったり、踊ったり、
絵を描くのが好きだったり、積み木を積むのが得意だったり、
絵本をひとりで読めたり、虫採り名人だっています。
みんなにいろいろな宝物をくださっています。
○○さんは、言葉がなかなか出てこないことがあるけど、
ニコって笑うとみんながうれしい気持ちになります。
それもみんな宝物。
神さま、みんなが神さまからの宝物を大事にしながら、
神さまのこどもとして、
これからも成長しますようにお守りください。
アーメン。

J

園長のひとりごと《コラム》

望月 麻生

「息子がね、お祈りしてくれたんですよ」。

夕方の園庭で、わたしの目の前に差し出された、ぼんやり光るスマホの画面。「神さま、もうすぐ生まれる赤ちゃんが元気でありますように。入院するママを助けてください」。目を閉じて手を組んで、たどたどしくもはっきりと祈りの言葉を紡ぐ、あの子の真剣な表情。

このご家庭は、幼稚園以外にはキリスト教との関わりは特にありません。でも、幼いわが子が祈ってくれたことは非常にうれしかったのだと、お母さんは話してくれました。

この子自身も、幼稚園でいつも熱心に祈っているわけではありません。また、彼自身、母親からしばらく離れて過ごすことは不安だったでしょう。でも、その子が、まずは自分のことではなく、母親と赤ちゃんのためにお祈りしたのでした。

誰かが自分のために祈ること。自分が誰かのために祈ること。それがどれほど得難いことかを思った出来事でした。

誰かのために祈る

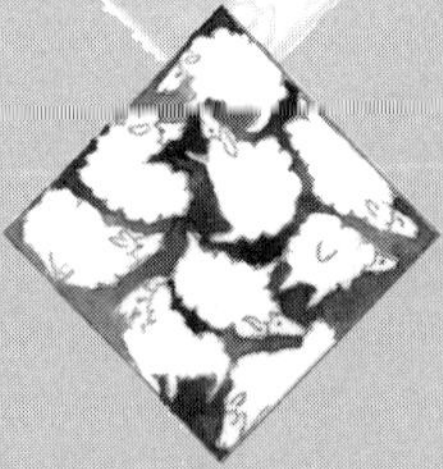

お祈りは、誰かのことを深く思うことでもあります。
わたしたちは特に、自分を支えてくれている人ほど、忘れてしまいがちです。
また、園に息づくさまざまな命にも目を向けてみましょう。そして、この世界に生きている人たちのことも忘れずにいたいものです。

ザリガニが死んでしまったとき

神さま、
今日、ザリガニさんが動かなくなっていました。
いつも、さわろうとすると大きなはさみを振り上げました。
ちょっとこわかったけれど、かっこよくておもしろかったです。
毎日お当番が、お水をきれいにしてあげたり、えさをあげたり。
でも、今は、さわっても全然動きません。
はさみも動きません。
神さま、今、ザリガニは天国でイエスさまと一緒です。
わたしたちは、ザリガニがいなくなってさみしいです。
悲しいです。
ザリガニさん、わたしたちと一緒にいてくれて、ありがとう。
神さま、ザリガニさんが天国でも元気に暮らせますように。
アーメン。

R

集められたダンゴムシのために

神さま、
この、箱いっぱいのダンゴムシたちをごらんください。
園のすみずみから、みんなが集めてきました。
のんびり昼寝していたダンゴムシもいたでしょうし、
おいしいごはんを食べていたダンゴムシもいたでしょう。
わたしたちに友達や家族がいるように、
ダンゴムシにも大切な仲間がいます。
ダンゴムシは、わたしたちにかみつくこともなく、
爪でひっかくこともしません。
ただ頑張って丸まって、自分を守っています。
あとで、ダンゴムシたちをお庭に戻します。
ダンゴムシよりはるかに大きなわたしたちが、
この小さなやさしい虫を大切にできますように。
アーメン。

もうすぐ芽を出す球根のために

Ｉ

神さま、
去年の秋にみんなでチューリップの球根を植えました。
そこから、少しずつ芽が出てきました。
植えたときには、先っちょが少しだけ顔を出してるだけでした。
そして、寒い冬の間、土の中で球根はきっと頑張っていたと思います。
寒くても、冷たくても、春を待っていました。
今、ようやく暖かい日が多くなってきたら、
少し伸びてきたような気がします。
寒い冬を土の中で過ごして頑張ったチューリップの球根、
これからグングン伸びてほしいです。
そして、冬の間がまんしてためた力で、
きれいなお花になって、たくさん咲きますように。
そのお花を見て、みんなの心もパーって明るくなりますように。
アーメン。

園を支えてくれる人のために

Ⓡ

神さま、
この園はたくさんの人に支えられています。
今まで知らなかったな。
毎日おいしい給食を作ってくれている人たちが、もしもいなかったら？
お庭の草を抜いたり、おもちゃを直してくれる人たちが、もしもいなかったら？
わたしたちのことを、お祈りしてくれている人たちもいます。
教会の人たちはいつも、
園のみんなが元気に大きくなりますように、
そうお祈りをしてくれています。
他にも、たくさんの人が幼稚園のことを思ってくれているそうです。
みんなに「ありがとう」って言いたいです。
そして神さまに「ありがとうございます」って言いたいです。
アーメン。

園長先生のために

こどもも大人も愛してくださる神さま、
今日も園長先生がいません。
遠いところへお仕事に行ったそうです。
朝はいつも、門の前で「おはよう」ってあいさつしてくれる園長先生。
ときどき、先生のお部屋でむずかしい顔をしている園長先生。
でも、みんなといるときは、思いきり遊んでくれる園長先生。
教室にいる先生たちと違って、いつでも一緒にいるわけではないけれど、
いないとやっぱりさびしいです。
明日は帰ってきてくれるみたい。
無事に帰って来られるように、
神さま、園長先生をお守りください。
また、園長先生と元気にあいさつして、
一緒に遊ぶことができますように。
アーメン。

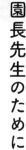

遅くまで仕事をするおうちの人のために

神さま、
毎日お仕事頑張っている、おうちのパパやママのためにお祈りします。
いつも遅くまでお仕事をしています。
遅くなるから、会えない日もあります。
もっと遊んでほしいと思うときもあります。
でも、パパもママも一生懸命、頑張っています。
ときどき、すごく疲れているように見えるけど、
家族のためにお仕事しているのは知っています。
だから、神さま、お仕事するパパやママをお守りください。
そのかわり、今度のお休みはちょっとだけ一緒に遊んでくれますように。
そうしたら、わたしも頑張ります。
アーメン。

入院している友達のために

R

神さま、
〇〇ちゃんが病気になって入院していると、今日先生から聞きました。
しばらく病院にお泊まりして、病気が治るようにするんだって。
〇〇ちゃん大丈夫かなあ。苦しいのかな。
点滴とか注射とかしているのかな。お薬もたくさん飲んでいるのかな。
とても心配です。はやく元気になるといいな。
神さま、〇〇ちゃんの病気を治してください。
きっと、よくなりますよね。
元気になってまた幼稚園に来たら、一緒にお砂場でお水の道をつくって遊びたいです。
お手紙を書こうかな。
〇〇ちゃんが病院で頑張っているから、わたしもさびしいのをがまんします。
〇〇ちゃんがはやく元気になるように、いっぱいお祈りをします。
神さま、お願いします。
アーメン。

天に召された友達のために

神さま、
今、あなたのところに、○○ちゃんがいます。
○○ちゃんが亡くなりました。
クラスのお友達も、大人も、みんな驚いています。
一緒に笑っていたのに。ケンカしていたのに。
わたしたちの涙、わたしたちの「どうして？」という思い、
言葉にできない気持ち。
それらすべてが、わたしたちの、あなたへの祈りです。
アーメン。

災害の中にいる友達のために

神さま、
テレビで大きな地震※が起きたのを観ました。

おうちが倒れたり、道路がひび割れたり、大変なことが起こっていました。

おうちに帰れない人たちがいっぱいいました。

みんなこわいかな。さびしいかな。おうちの人と離れ離れになったお友達はいないかな。

とても心配で、見ているだけで悲しくなります。

でも、神さまはみんなを守ってくれますよね。

イエスさまは、大変なことがあっても、必ず大変なことから助け出してくださる道をつくってくださる方だと知っています。

だから、こんなときこそ、みんなを守ってくれるんですよね。

どうか、神さま、みんなをお守りください。

悲しい気持ちやさびしい気持ち、つらい気持ちを吹き飛ばしてください。

みんなに大丈夫だよって、伝えてください。

わたしも一生懸命お祈りします。

アーメン。

※文章や言葉を少し変えた上で、他の災害（台風、洪水、大雪など）に置き換えられます。

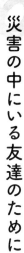

引っ越していく友達のために

ℛ

神さま、
先生が教えてくれました。
お友達の○○ちゃんが遠くにお引っ越しをするそうです。
この園からもいなくなってしまうんだって。いやです。そんなのいや。
いつも一緒に遊んでいたのに。
わたしは○○ちゃんとブロックで遊ぶのが好き。今日は泥だんごも一緒に作りました。
給食の席も○○ちゃんのおとなりがいちばん好き。
帰りのバスもおとなり同士だと、ほんと最高。
「明日も遊ぼうね」って、いつもしていたお約束。そのお約束がもうできません。
神さま、わたしは○○ちゃんのこと、ずっと忘れないよ。また一緒に遊ぶんだから。
また会う日まで、○○ちゃんが元気でいますように。
さびしいけれど、新しい園でも仲の良いお友達ができますように。
そして、わたしたちがいつまでも仲良しでいられますように。
神さま、○○ちゃんとお友達になれたこと、本当にありがとう。
アーメン。

戦争の中で生きている人たちのために

世界中の人を創《つく》り、愛してくださる神さま、
爆弾で家をこわされたくありません。
「敵」だと言われたり、鉄砲で撃たれたりしたくありません。
家族やお友達が、兵隊になって死ぬのはいやです。
でも今、このときも、戦争は本当に起こっています。
こわされた家の中で、お腹《なか》を空かせている子がいます。
みんなと同じくらいの子が、「敵」と言われて鉄砲を向けられています。
大好きな家族が兵隊になるのはうれしいことだと、教えられている子がいます。
神さま、わたしたちが、戦争のことを知らんぷりすることがありませんように。
イエスさまは、すべての人が神さまの宝物だと教えてくださいました。
わたしたちが、世界から戦争をなくしていくことができますように。
アーメン。

――― *a*

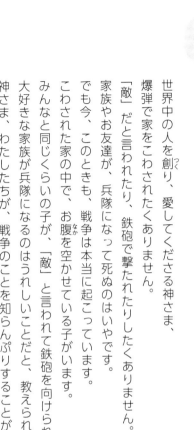

コラム

園長のひとりごと

新井 純

こどものころ、母がぼくにお祈りを習慣づけようとして、よくこう言いました。「お祈りすると、神さまの声が聞こえてくるんだよ」。そんなことあるもんかと思いつつも、ちょっと聞いてみたい気もするので、嫌々でもお祈りしてみます。でも、神さまの声は聞こえません。

「聞こえないじゃないか！　お母さんはうそつきだ」「うそつきじゃないよ、お母さんには聞こえるから」。そう返されると聞こえないぼくはちょっと悔しいのですが、だからといって一生懸命祈るほど素直なこどもではありませんでした。

でも、大人になって何度も経験しました。“祈りは聞き入れられている”。神さまの声が聞こえないのは、祈りが自分の願いどおりに聞き入れられると思い込みたいからであって、神さまは今のぼくにふさわしい結果や道のりを備えてくださると信じるなら、「あのとき、そうだったんだ」と後から気づくことはたくさんあるのです。

わたしが祈る

保育者の祈り

園で働くことは、さまざまな人と関係を築くことでもあります。立場も価値観も育ってきた環境も違う人たちが同労の友であり、こどもの保護者なのです。さながら、イエスさまの弟子たちが、まったくタイプの違う人たち同士であったように。そこで悩んだり戸惑ったりするのは当然のことです。

また、自分自身がこれからどう生きていきたいかを模索《もさく》することもあるでしょう。あわただしい日常の中でも、心を落ち着けて神さまに祈る短い時間をつくることは、決して無駄なことではありません。

「なんでうちの子がマリアじゃないんですか」――J

神さま、
昨日、ページェントの役決めをしました。

すると今日、〇〇さんのお母さんから、

「うちの子が、マリアになれなかったと家で泣いた。

なんでやりたい役をさせないのだ」と責められました。

噂には聞いたことがありますが、本当にこういう抗議ってあるんですね。

知ってはいたけど、自分が言われるとショックです。

確かに〇〇さんは最初マリアを希望してたけど、△△さんにゆずりました。

もしかしたら、やっぱりマリアをやりたかったのに、我慢してゆずったのかな。

でも、〇〇さんがマリアの役をゆずってあげた気持ちは、わたしもうれしかったのです。

その気持ち、きっとイエスさまにも、神さまにも通じてますよね。

だって、おとなりの人を大事にしましょうって、教えてくださったイエスさまです。

そのお誕生をお祝いするクリスマスページェントなのですから。

だから、どの役も大事なんだよって、明日みんなに伝えます。

アーメン。

正直苦手な保護者がいます

R

神さま、
こどもたちと毎日過ごすのは本当にうれしいことです。
けれども、保護者の方とお話をするときは、とても緊張します。
正直、●●さんがとっても苦手です。
○○ちゃんが夢中で遊んでいたときにできたであろう、ほんの小さな傷。
●●さんはわたしの不注意だと強くとがめます。
○○ちゃんがお友達と起こしたトラブル。保育者の目からは、成長に必要な経験です。
でも●●さんは、相手のこどものことばかり、ひどく非難するのです。
もう、どう接したらよいかわかりません。会うのがいやです。
あこがれていた幼稚園の先生なのに、なんだか自信をなくしそうです。
神さま、今こそ、必要な力と勇気をください。○○ちゃんが育っていくために、
家庭と園がよりよくつながっていくことができますように。
何が正解かわかりません。
失敗するかもしれませんが、強い心が持てるようにしてください。
アーメン。

困難な状況にある家庭のために

大切なときに助けてくださる神さま、
○○ちゃんの家庭は今、重たい課題を抱えています。
たやすく解決できないことです。
何が正解かもわかりません。
この家庭を、あなたが必ずよい方向へ導いてくださることを、
わたしたちは信じます。
どうか、お守りください。
そして、○○ちゃんが園の中で、安心して楽しく過ごせるよう、
わたしたちが○○ちゃんを支えることができますように。
アーメン。

a

職場で孤独を感じるとき

神さま、
最近、園に行くのがつらいです。
みんなについていけません。
できていないこともあるけど、
一生懸命やってるつもりです。
でも、できていないから、
相手にされてない気もします。
やる気はあります。
はやく一人前になりたいです。
先輩には、焦《あせ》るなって言われます。
必ず成長するって。
神さま、この言葉、信じていいですか。
アーメン。

神さま、
最近、ちょっと空回り気味です。
後輩たちは、熱意が足りないし、
先輩も惰性《だせい》でやってる感じがします。
もっとこどもたちのためにできること
あるでしょ！　と思います。
わたしはもっといろんなことをやりたい
です。もっと勉強しろよ、とも思います。
わたしってウザいよね、きっと。
でも、こどもたちが楽しそうに過ごし
成長する姿をもっと見たいんです。
だから、みんなもわかってくれると信じ
て、わたしはやります。神さま、見てて。
アーメン。

悩んで眠れないとき

R

神さま、
眠りたいのに全然眠れません。仕事のことばかり考えてしまいます。
明日が来るのが憂鬱《ゆううつ》です。
今日、わたしはどうしてあんなことをしてしまったのでしょう。
今日、こんなことをあの人から言われてしまって、つらいのです。
イエスさまは「明日のことまで思い悩むな」とおっしゃるけれど、
わたしには、それはとても難しいです。
人にどう思われているか、布団の中でも考えてしまいます。
間違いや失敗が、まるで治らない傷のように心を痛めています。
あなたに信頼して強い心で、過ちを乗り越えていける心があれば……。
その願いを、神さま、あなたはよくご存じです。
ただ、神さま、今はどうかわたしをなぐさめ、癒《い》やしてください。
わたしが安心してぐっすり眠れるようにしてください。
明日が今日よりいい日になりますように。
アーメン。

仕事をやめたいとき

神さま、
もう無理です。
初めてここに来たとき、あんなにキラキラして見えた職場が、
今はまるで違って見えます。
保育者になることを夢見ていた学生のときが、
今はまるで昔のことのように思えます。
厳しくて、理不尽で、納得のいかないことがたくさんあります。
神さまがわたしを、この園の保育者として、ここに立たせてくださいました。
神さまがわたしを必要としてくださって、わたしはここにいます。
わたしは今、「やめたい」という思いでいっぱいです。
その精いっぱいの思いを、あなたはないがしろにはなさいません。
どうか、わたしが歩む道を教えてください。
必要な助けを与えてください。
アーメン。

責任ある立場になったとき

I

神さま、
主任とか副主任とか、責任のある立場って孤独だって聞いてましたが、
本当ですね。
副主任になって半年、自分なりに一生懸命やってきたつもりですが、
結構みんなに迷惑もかけてきたなと思います。
先輩に何かをお願いするのは気合いがいります。
だから、自分でやってしまうことも多いです。
後輩も返事はいいですが、わかったような振りしてできないことも多いです。
シフトの穴埋めも、結局わたしがしなければなりません。
でも、わたしは引き受けたからにはやり通します。
他の副主任の先生たちも最初は不安だったり、つらい思いをしたりしたそうですが、
今はみんなに頼られてます。わたしも信頼してます。
だから、わたしも成長します。
神さま、わたしにふさわしい知恵と力をください。
アーメン。

こどもの成長に気づいたとき

R

神さま、
日々必死な中で、ふと気づきました。
いつもトラブルの原因になる子がいます。
その子が今日、お友達に自分の使っていたおもちゃをゆずってあげていたのです。
今までにはなかったことでした。
それだけではありません。
泣いて登園していた子が笑って親に手を振る姿。
絵本なんかに興味がなかった子が読み聞かせに夢中だった姿。
よりよい保育を目指して過ごす毎日は、あっという間です。
そのあわただしい日々の中でも、こどもたちはしっかりと成長をしていました。
「そのことに気づいたとき、あなたも保育者として成長しているということ」と
園長先生が言ってくださいました。
こどもとともに成長していける喜びに感謝します。
アーメン。

こどもに腹を立てたとき

神さま、
こどもに残酷な言葉を投げつけられ、拒絶され、顔をひっぱたかれたとき、
正直、腹が立ちます。
いつもこどもにやさしく微笑《ほほえ》んで、穏やかに保育ができたら、
どれほどすばらしいことでしょう。
でも、そんなわけにはいきません。
あなたは、感情抜きで仕事ができるコンピューターではなく、
喜怒哀楽のあるわたしを、ここで必要としてくださっているのですから。
また腹が立って気持ちのやり場がなかったら、
あなたに思い切り受けとめていただきますので、
そのときはよろしくお願いいたします。
アーメン。

行事の準備に追われているとき

神さま、
最近、パニックです。
クリスマスが近づいていて、いろいろあって、もう大変。
まだ時間はあるんですけど、気が焦《あせ》るばかりで、
準備が進んでいるのかいないかさえ、よくわからなくなるくらいです。
そのせいか、こどもたちも落ち着かなくなっています。
それはきっとわたしのせいなんです。
わたしに余裕がないから、
わたしのイライラがこどもたちに伝わってるんですよね。
落ち着かなきゃって思います。
そうだ、明日は少し発散させる時間をつくってみます。
そして、わたしも一度すっきりして、仕切り直しします。
やっぱりメリハリって、大切ですね。
神さま、気づかせてくださって、ありがとうございます。
アーメン。

J

自分にこどもができたとき

神さま、わたし、妊娠しました。
どうしよう。この春から、
クラス担任を受け持ったばかりです。
最後まで担任として
受け持つことができなくなりました。
職場の先生たちは何て言うでしょう。
保護者にも何て言えばよいのでしょう。
迷惑をたくさんかけちゃうのかな？
無責任って思われるかな？
でも明日、園長先生に言おうと思います。
わたしはただ、
妊娠したことを喜びたいのです。
喜んでもらいたいのです。
アーメン。

神さま、わたしに赤ちゃんができました。
なんだか不思議な気持ちです。
園でたくさんのお母さんたちに出会って
きましたが、わたしがあんなふうになれ
るのでしょうか。
周りの人からは「保育者だから心配は
いらないでしょう」って言われるけれど、
心配だらけです。
けれどわたしは今、自分の中に小さな新
しい命が芽生えている喜びを初めて感じ
ています。神さま、赤ちゃんを与えてく
ださり、ありがとうございます。
イエスさまの守りがありますように。
アーメン。

R

産休・育休を迎える人のために

神さま、
○○先生に赤ちゃんができました。
どうか無事に生まれますように。
すこやかに育ちますように。
○○先生はこれから産休・育休に入ります。
休みといっても、出産や子育てであわただしく過ごされる、
○○先生の日々をあなたが支えてください。
そして神さま、
大切な働き手である○○先生が長期間いなくなることは、
わたしたちにとって心配なことです。
神さま、
○○先生とわたしたち、両方をお守りください。
アーメン。

苦手な同僚がいます

神さま、
園長先生は、「イエスさまがすべての隣人を愛しなさいと教えておられるから、わたしたちもそうしなければなりません」とおっしゃいます。

わたしはクリスチャンじゃないけど、
それが大切なことだというのは、よくわかります。

でも、それがとても難しいことだとも思うのです。

例えば、自分とはペースが合わない人とか、センスが違う人とか。

わたしは勢いよく迫ってくる人も苦手です。そう、〇〇先生のような。

あ〜、どうすればよいんですかね。

どうしてもいやなわけじゃないし、悪気がないのもわかってます。

だから、わたしがちょっと受け止め方を変えればいいだけなんですよね。

もっと広い心を持って、たくさんの人に接することができるようになりたいです。

イエスさまが隣人を愛しなさいっておっしゃったこと、自分もそうなりたいです。

神さま、わたしがもっと柔軟な心を持つことができるようにしてください。

アーメン。

J

悩んでいる同僚がいます

ℛ

神さま、
園でともに働くこの人は、わたしにとって大切な存在です。

仕事で悩むときも、多忙なときも、いつも力を合わせて乗り越えてきました。

愚痴を聞き合ったり、疲れたら一緒に食事に行ったり。

なくてはならない人です。

その人が今、とても悩んでいます。

この人が、自分のこと以上にこどものことを考えていることを、わたしは知っています。

でも、なかなかうまくいかないようです。

今まで一緒に頑張ってきたので、わたしもとてもつらいです。

わたしに何かできることはないでしょうか。

神さま、あるならそれを教えてください。この人の力になりたいのです。

この人がいなければ、わたしは今日まで頑張れなかったと思います。

大切なわたしの同僚を励まし、癒《い》やしてください。

わたしが少しでも心の支えになれますようにと願います。

アーメン。

園長が夢に出てきます

神さま、
あなたは聖書の中で、
人々に夢で大切なことを示してくださっています。
わたしの夢の中に、園長がよく出てくるのは、
何か意味があるのでしょうか？
逆に、園長の夢に、わたしは登場していますか？
恐れや不安がわたしの中にあるならば、
それが取り去られるように、神さまが助けてください。
わたしも園長も、立場は違いますが、一緒の園で働いています。
お互いの働きが、園で生活するこどもの成長にとって、
よりよいものでありますように。
アーメン。

a

実習生のために

神さま、
来週から実習生が来ます。わたしが担当することになりました。
わたしが実習をしたときのことを思い出しています。
初めて訪れる園、初めて出会うこどもたち、そして指導してくださる先生方、
とても不安で、ドキドキしながら実習に向かいました。
でも、担当の先生がとてもやさしくて、丁寧に指導してくださる方だったので、
あの不安はなんだったんだろうって思うほど、安心しました。
実は、今わたしも少しドキドキしています。
どんな実習生なのかな、信頼関係は築けるかな、きちんと指導できるかな、
いろんなことを想像してしまいます。
神さま、実習生がよい学びのときを過ごせるようお守りください。
イエスさまは、わたしたちに寄り添っていてくださる方だと聞いたことがあります。
だからわたしも、実習生に安心してもらい、信頼関係を築けるように、
そして、ふさわしい指導ができるようにお導きください。
アーメン。

I

職場の後輩のために

R

神さま、
わたしに後輩ができたとき、うれしかったのです。
「わたしにも後輩ができたんだ。
わたしが先輩に教わってきた、たくさんのこと、
今度はわたしが後輩に教えてあげなくちゃ」、そう思いました。
でも神さま、後輩はうれしいと同時に、ときどき困った存在でもあります。
準備は雑、日誌の文章も漢字の間違いだらけで下手です。
ピアノもミスばかり。
だけど、わたしもそうだったのかな。
先輩はわたしを見てそんなふうに思っていたのかな。
わたしも先輩がこわくてたまらなかったことを思い出します。
そして今も、やさしい頼られる先輩になりたい思いは変わりません。
後輩のために、わたしがすてきな先輩になれますように。
アーメン。

クラスで一緒に働く人たちのために

神さま、
このクラスには、さまざまな役割の先生がいます。
担任には担任の、保育補助を担う人にはサポートする側の、大切な役目があります。
いなくてもいい先生などいません。
こどもの命をわたしたちは預かっています。
責任は重く、求められる保育の質も高いです。
正解がない中で、わたしたちは時に葛藤します。
その中で、時には意見の違いが生まれます。
そのとき、わたしたちはいらだち、理解されないと思い、ひとりで悩みさえします。
神さま、もし仲間同士でうまくいかないことがあったら、
それがよい保育をしていくための大切なきっかけとなりますように。
このクラスでともに過ごす時間は、
あなたのくださったかけがえのない時間です。
アーメン。

苦手な分野にチャレンジするとき

神さま、
今度の発表会でピアノを弾くことになりました。
わたしの苦手なピアノです。
もう不安しかありません。
練習しなきゃって思うのですが、練習しても自信がないです。
でも、こどもたちも一生懸命練習をしています。
わたしが苦手なことから逃げていては、
こどもたちに「大丈夫だよ」って言ってあげられません。
神さま、ピアノ頑張ります。ちゃんと練習します。
なので、こどもたちの歌や演技をきちんと支えられる演奏ができるように、
支えてください。
わたしがあきらめずに、しっかり向かっていけるように、見ていてください。
アーメン。

J

わたしらしく生きられるように

Ｒ

神さま、
わたしたちは、「保育者らしさ」を求められます。
いつも笑っていて、清潔感があって、ピアノが弾けて、いつも元気いっぱいで。
では神さま、「わたしらしさ」って何でしょうか。
わたしはときどき「自分らしさ」がわからなくなってしまうことがあります。
いつも人の目線が気になるあまり、本当の自分を見失ってしまいます。
園長先生からどう思われているかな？　保護者からどう見られているかな？
そうやって生きているのが、とても重荷に感じるときがあります。
でも、神さま、あなたはわたしを、あの先生でもなく、あの保護者でもなく、
他ならぬわたしとして創《つく》ってくださいました。
たくさんの人と生きている以上、自分の思いどおりにはいきません。
その中で心がつらくなるとき、どうか神さまが導いてください。
わたしがわたしらしく生きていくことができるよう、
神さまが勇気を与えてください。
アーメン。

キリスト教の祈りについて

キリスト教が祈りを大切にするわけ

あなたにもぜひ祈ってほしい

自分の職場である園がたまたまキリスト教主義というだけ。礼拝もお祈りも、単に保育の仕事のうち。キリスト教も教会も、プライベートではまったく関係ない。そのような人のほうが大多数でしょう。キリスト教以外の宗教をご自分のルーツに持ちながら、キリスト教主義の園で働く方もいるでしょう。神さまのことを信じているか、宗教についてどのように考えているかは、もちろんひとりひとりの心に委ねられています。

それでも、たとえ仕事を通してでも、お祈りすることを大切にしてほしいのです。キリスト教のならわしとして尊重すること以上に、あなた自身の心と言葉とで祈ってほしいのです。祈ることはあやしいことでも恥ずかしいことでも、まして無意味なことでもありません。

キリスト教の祈り

キリスト教は、祈ることを礼拝や信仰生活の中心においています。祈りは大きく2つに分けられます。皆で祈る場合と、ひとりで祈る場合です。前者は礼拝などでの祈りがあります。職員会議の前後に祈ることや、何かの機会にこどもたちと一緒に祈ることもこちらです。「公の祈り」と言ってもいいでしょう。後者は自分の心の中で神さまに祈る、プライベートな祈りです。新約聖書の福音書には、イエス・キリストが祈る場面がたびたび出てきます。弟子たちや群衆の前で祈ることもあれば、人々から離れてひとりで祈る姿も描かれています。

繰り返しますが、祈りは「公」と「私」の両者があります。「公の祈り」については「お祈りの簡単なルール」（88～93ページ）で説明をしています。ここに書いたのは、祈るという行為すべてにおいて大切にしてほしいことです。

お祈りは宝探し

祈っても何も効果がない、役に立たないと率直に感じることは、きっとあることでしょう。神さまを信じて教会に長年通っている人でも、祈る中でむなしさを感じる経験は正直あります。物事が自分の願いの通りにいかないとき、絶望を味わうとき。あるいは人が自分より優れていたり豊かであったりするとき。「神さまは自分に何ひとつしてはくれないじゃないか」と心の声を荒立てたくなることは、あまりにたくさんあります。

けれどもそういうときこそ、お祈りは必要なのです。

「あしあと」というマーガレット・F・パワーズの作といわれる詩があります。

わたしが見た、神さまと一緒に砂浜を歩く夢。
暗い空にわたしのこれまでの人生が次々に映しだされました。
浜辺に点々と続くのは、わたしと神さまとのあしあとが二人分。
しかし、わたしは気づきました。
わたしが生きていく中で最もつらかったとき、
そこにはたった一人分のあしあとしかなかったのです。
「神さま、あなたと生きるとわたしが決めたとき、
あなたはおっしゃった。ずっとわたしとともに歩んでくださると。
しかし、わたしの人生で、いちばん困難に苛《さいな》まれたときほど、
一人分のあしあとしかないのです。
わたしが何よりもあなたを必要としたときに、
なぜあなたはわたしを見捨てたのですか」

神さまはささやきました。
「かけがえのないわが子よ。わたしはあなたを愛しており、
ひと時たりとも、試練の中にあるあなたを離れたことなどない。
あなたが見た、たった一人分のあしあとというのは、
わたしがあなたを背負って歩いたときのものなのだ」

FOOTPRINTS（私訳。一部割愛）

神さまはどんな祈りも聞いてくださいます。それだけでなく、わたしたちに必要な助けを、必ず与えてくださいます。人が負っている重荷を、ご自身が負ってくださるのがキリスト教の神さまです。神さまは人と人とが会話するように、音声や言葉で返事をなさることはないでしょう。また、その場で答えが返ってくるとは限りません。わたしたちには非常にもどかしく思えることもあります。けれども神さまはわたしたちの祈りに必ず応えてくださいます。諸々の不満を神さまに訴えることの多いわたしたち。一方で、神さまがくださっている多くの恵みのうち、どれほどに気づくことができているでしょうか。

次のページで紹介するのは、「ある無名兵士の詩」と呼ばれる詩です。「病者の祈り」とも

いわれます。

神さまの恵みは、わたしたち人間には非常にわかりづらいときがあります。自分が願っていることとは、まるで正反対のものとさえ映るときがあります。人をも神さまをも信じられなくなるような、そんな気持ちになることは少なからず起こるでしょう。そういうときこそ、心を静かにしてお祈りしてみましょう。納得いかない現実や、失望した経験が、お祈りすることによって違う角度から眺めることができるのです。ひとりでお祈りするのがつらいときもあるでしょう。そのときは牧師が助けになれます。日曜日、教会の礼拝でお祈りすることもできます。

偉大なことを成すために　神に強さを願ったのに
謙遜を学ぶようにと　わたしは弱い者とされた
偉大なことができるように　神に健康を求めたのに
より良いことをするようにと　病を授かった
幸せになりたくて　神に富を求めたのに
賢くあるようにと　貧しさを授かった

賞賛を得たくて　神に力を求めたのに
うぬぼれないようにと　弱さを授かった
人生を楽しむために　あらゆるものを求めたのに
あらゆるものを喜ぶため　人生を授かった
神に願ったものはことごとく与えられなかったが
わたしの心の内なる祈りは叶えられたのだ
わたしはすべての人の中で、もっとも祝福されたのだ

A CREED FOR THOSE WHO HAVE SUFFERED（私訳。一部割愛）

神さまと隣人の視点に立つ

祈ることは、自分の視点を変えることでもあります。聖書には非常に大切な教えがあります。それは「心を尽くし、精神を尽くし、力を尽くし、思いを尽くして、あなたの神である主を愛しなさい。また、隣人を自分のように愛しなさい」（ルカによる福音書10章27節）というものです。わたしたちが生きていく中で、神さまと隣人（自分とともにいる人）は自分と同じくらいに大切なのです。けれどもわたしたちは、この2つの存在をいともたやすく忘れます。

わたしたちは大概、いつも自分だけが世界の中心です。ときには影響力の強い誰かの考え方に染まっていることもありますが。自分しか見えていないときは、黄色信号です。物事の本質を見失ったり、自分だけの正義を貫こうとしたり、孤立感や不信感に苦しんだり。祈ることは、神さまと隣人のことを再び思い起こすことでもあるのです。

「神さま、今わたしはこういうことに困っています」と神さまに話しかけてみてください。ゆっくりと急がず、何度でも。そうすると、自分が見失っていたものに、ふと気づくことがあるでしょう。また、「神さま、わたしも他の人も正しいと思っていることは、本当に正しいのでしょうか」と問いかける祈りも、折に触れて必要な祈りです。

「主の祈り」について

「主の祈り」は、イエスさまが弟子たちに教えてくださった祈りです。

聖書には、マタイによる福音書6章9～13節、ルカによる福音書11章2～4節に記されています。キリスト教では、祈りの基本であり、長い歴史の中で大切にされてきました。

イエスさまはただ、口に出たままの言葉を教えたのではありません。人がもっとも祈りにくい内容、自分の力で発想することができない内容を、祈りの言葉としてくださいました。

日本語の「主の祈り」は、文語体、口語体などいくつかの訳があります。旋律をつけた歌として親しみやすいものもあります。礼拝に「主の祈り」を用いる園もあるでしょう。

「主の祈り」は、どのようなお祈りなのでしょうか。暗記するように覚えることはあっても、普段、意味を考えることはあまりないかもしれません。

次のページで、プロテスタント教会でよく祈られている「主の祈り」（1880年訳）を見てみましょう。

天にまします我らの父よ、
ねがわくはみ名をあがめさせたまえ。
み国を来《きた》らせたまえ。
みこころの天になるごとく
地にもなさせたまえ。
我らの日用の糧を、今日も与えたまえ。
我らに罪をおかす者を　我らがゆるすごとく、
我らの罪をもゆるしたまえ。
我らをこころみにあわせず、
悪より救い出《いだ》したまえ。
国とちからと栄えとは
限りなくなんじのものなればなり。
アーメン。

ここで、教会や学校で長年働いてこられた春名康範《はるなやすのり》牧師がかつて高校生とつくった「私た

ち の祈り」（『キリスト教との出会い　生きる力』日本キリスト教団出版局）を紹介します。

天にまします我らの父よ
ねがわくはこの私が他の誰よりも有名になりますように
そして全てのものを私に支配させて下さい
また私の思う事がすべて実現しますように
我が日常の糧《かて》を今日だけと言わず　死んでも食べきれない程与えて下さい
私を傷つけるものは絶対許さないで徹底的にやっつけてください
だけど私の過《あやま》ちはそっと見逃しすべてをなかった事にして下さい
誘惑《ゆうわく》には少しは出会いたいなあ／悪い事をしてもどうか見つかりませんように
国も力も栄えもすべて私のもの　私のものは私のもの、あなたのものも私のもの
アーメン

前述の「主の祈り」と比べてみてください。この祈りは、あえて「主の祈り」とは正反対につくられています。だからこそ、「主の祈り」がなぜ大切なのかを教えてくれます。

お祈りの簡単なルール

「お祈り」の種類と決まりごと

「お祈り」には、さまざまな種類があります。

声に出さずに胸の中だけで祈る「黙祷《もくとう》」。

あらかじめつくられているお祈りの文を、声に出して祈る「成文祈祷《せいぶんきとう》」。

賛美歌も「歌による祈り」といえるでしょう。

そして、自分で祈る言葉を考えてお祈りすることを「自由祈祷《じゆうきとう》」といいます。

園での礼拝で、みんなの前で自分が声に出してお祈りするのは、この「自由祈祷」です。

「自由」とは言いますが、簡単な決まりごとがいくつかあります。

キーワードは「神さま」「イエスさまのお名前によって」「アーメン」

①「神さま」に呼びかけ、②神さまに聞いてほしいことを言葉にし、③そのあと「イエスさまのお名前によって祈ります」と言い、④「アーメン」で閉じる。これがお祈りの基本的

な流れです。

①「神さま」と呼びかける

お祈りを聞いてくださる方は神さまです。必ず神さまに呼びかけてください。牧師や教会の人が祈るとき、「神さま」だけでなく、ときどき「イエスさま」「聖霊《せいれい》さま」と呼びかける場合もありますが、祈る相手はいずれも唯一の神さまです。ややこしいですが、「神」「イエス」「聖霊」はすべて唯一の神さまをあらわしています。これを「三位一体《さんみいったい》」といいます。

イエスさまの母であるマリアや聖書に出てくる人物、聖人や天使などは、カトリックでは祈りの中で呼びかける対象です。プロテスタントでは呼びかけません。

②神さまに聞いてほしいことを言葉にする

皆の前で祈るときは、そこにいる人たちの気持ちを代表して言葉にするように心がけましょう。

今日がどんな一日であってほしいか、うれしい気持ちをどう分かち合いたいか、困難にどう立ち向かっていきたいか、といったことです。

お祈りは、一緒にいる人たちの思いに寄り添い、心の声を聴くことでもあるのです。

また、以下のことにも留意しましょう。

・「みんなのお祈り」になるように心がける。

もし礼拝で誰かが、その人が応援している野球チームが勝つようお祈りしたら、どうでしょうか。他のチームを応援している人はどう思うでしょうか。自分が大切にしている物事や気持ち、あるいは自分の立場だけがすべてではありません。周りの人の思いも大切にしてお祈りしましょう。

・こどもやスタッフを批判するようなことは言わない。

お祈りの中で、誰かを名指しであげつらうことは、決してしてはいけません。「○○ちゃんがこんなに悪いことをしました」「園長の話し方がこわいです」など、神さまに言いたくなるときは誰にでもあります。しかし、口には出さず、胸に納めましょう。そして、自分ひとりになったときに、落ち着いた心でお祈りしてみてください。その人自身についての評価や、起きた出来事の本当の意味は今のその場ではわからないし、物事の価値を決めるのは人間ではなく神さまだからです。

・誰かを呪うようなことはしない。

お祈りは、すべての人とともに生きることができるよう、神さまに助けていただくためのものです。きれいごとに聞こえるかもしれません。けれどもわたしたち人間は、争いを生み出すことはたやすくできますが、平和をつくることは極めて不得手なのです。そのことを心に覚えておきたいものです。次の聖句もそう促しています。

「あなたがたを迫害する者のために祝福を祈りなさい。祝福を祈るのであって、呪ってはなりません」（ローマの信徒への手紙12章14節）

・プライベートに関することは言わない。

守秘義務はお祈りの中でも生きています。自分ひとりで黙って祈る場合はさておき、礼拝などでは誰かのプライベートな事柄を公言しないようにしましょう。「悲しい思いをしている人」「うれしいことがあった人」など、曖昧《あいまい》な表現にとどめるのがよいでしょう。

③「イエスさまのお名前によって祈ります」

キリスト教では、お祈りは必ず、イエス・キリストの名前を通してささげられます。ですから、礼拝などでお祈りするときは必ずこの言葉を入れてください。

なぜでしょうか。神さまとわたしたちは、直接気軽にやりとりできるように見えますが、それはイエスさまがいてくださるからというのが、キリスト教の考えです。わたしたち人間は、放っておくと神さまから遠く離れて迷子になってしまいます。その人間と神さまとをつなぐ架け橋になってくださったのは、イエスさまです。

イエスさまは、ご自分の名によって、神さまに祈り、願うことを教えてくださいました（ヨハネによる福音書16章23節）。イエスさまのお名前によって祈れば、その祈りはイエスさまを通して必ず神さまに届くのです。

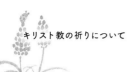

④アーメン

「アーメン」は「確かに」「本当に」「そのとおり」という意味のヘブライ語です。お祈りの最後にこの言葉を入れます。教会によっては、祈っている途中でも合いの手のように「アーメン！」と会衆が叫ぶところもあります。

園でお祈りするときは、祈る人が「アーメン」と言ったあとに、みんなで「アーメン」と唱和することが多いでしょう。

慣れないと言いづらいでしょうが、「ここにいる人たちが心を合わせてお祈りしましたよ」と神さまに伝える言葉なので、最初は小さな声でも、ぜひ言ってください。みんなの前でお祈りしている人にとっては、集っている人が「アーメン」と言ってくれるのが心強いことでもあるのです。

さあ、お祈りしてみましょう。親しい人に気軽に話しかけるように。あるいは、大切なことをそっと打ち明けるお手紙を書くような気持ちで。必ず、祈りは神さまに届きます。

おわりに

それにしても、なんという時代でしょう。ＡＩ（人工知能）に気軽に命じれば、ＡＩは実に立派そうなお祈りの文章を、いとも簡単に作成してくれるのです。だからこそ、この本を開いてくださったあなたにお願いします。祈りの言葉は、ご自分の心で紡いでください。自分の気持ちを言葉で表せないもどかしさ、きれいな祈りになどできない泥くさい毎日、喜怒哀楽で単純に整理できない複雑な思い。それらこそが、あなたにしか祈れない、あなただけの祈りなのです。

この本に書かれた祈りの数々は、どのように祈ればいいのかを示す、ひとつの例ではあります。加えて、これらは実際に保育の現場で日々駆け回っている園長３人による、祈りそのものです。もし、あなたがさびしさやつらさで心がいっぱいになってこの本を開いたならば、あなたと今、一緒に祈っている人たちがいることを思い起こしてください。

最後に、ともに執筆してくださった新井純さん、小林路津子さん、編集にあたってくださった市川真紀さん、ありがとうございます。

望月麻生

著者紹介

【監修・著】
望月麻生（もちづき　あさを）
1983年、静岡市生まれ。同志社大学神学部・神学研究科で学ぶ。日本基督教団国分寺教会、四街道教会牧師を経て、現在、足利教会牧師・足利みどり幼稚園園長。絵を描いたりピアノを弾いたりするのが好き。消しゴムはんこ作家「夜ふかし堂」として製作活動やワークショップもおこなう。

【著】
小林路津子（こばやし　るつこ）
認定こども園取手幼稚園園長、日本基督教団取手伝道所会員。いくつかのキリスト教保育園・幼稚園、公立保育園、キリスト教保育ではない幼稚園の現場保育者としての約20年の経験の中で「祈ること」の大切さを思いつつ、今も現場でこどもたちと歌う日々。

新井 純（あらい　じゅん）
日本基督教団世光教会牧師、世光保育園園長、日本キリスト教保育所同盟理事長。登山、自転車、料理、中国茶、旅行、飛行機、鉄道模型、工作、手品を楽しむ。聖書のお話と趣味のYouTubeチャンネル「よろちゅーぶ」を配信する、1967年生まれのハーレーにまたがるイケオジ。

望月麻生　監修・著
小林路津子・新井 純　著

保育者の祈り
こどものために、こどもとともに

2023年11月24日　初版発行

発行　日本キリスト教団出版局
〒169-0051
東京都新宿区西早稲田2丁目3の18
電話・営業 03（3204）0422
編集 03（3204）0424
https://bp-uccj.jp

印刷・製本　ディグ

ISBN978-4-8184-1147-0　C0016　日キ販
Printed in Japan